Début d'une série de documents en couleur

DÉPARTEMENT DE SAONE-ET-LOIRE

# INVENTAIRE SOMMAIRE

DES

# ARCHIVES COMMUNALES

DE

# FONTAINES

Antérieures à 1790

RÉDIGÉ PAR

Léonce LEX

Ancien élève de l'École des Chartes
Archiviste du département.

MACON
IMPRIMERIE GÉNÉRALE, X. PERROUX ET Cie

1892

Fin d'une série de documents
en couleur

# INVENTAIRE SOMMAIRE

DES

# ARCHIVES COMMUNALES DE FONTAINES

ANTÉRIEURES A 1790

DÉPARTEMENT DE SAONE-ET-LOIRE

# INVENTAIRE SOMMAIRE

DES

# ARCHIVES COMMUNALES

DE

# FONTAINES

Antérieures à 1790

RÉDIGÉ PAR

## Léonce LEX

Ancien élève de l'École des Chartes
Archiviste du département.

MACON
IMPRIMERIE GÉNÉRALE, X. PERROUX ET C<sup>ie</sup>

1892

DÉPARTEMENT DE SAONE-ET-LOIRE

# INVENTAIRE SOMMAIRE

DES

# ARCHIVES COMMUNALES DE FONTAINES

ANTÉRIEURES A 1790

Série AA.

*Actes constitutifs et politiques de la commune.*

(Néant).

Série BB.

*Administration communale.*

(Néant).

Série CC.

*Impôts et Comptabilité.*

(Néant).

## Série DD.

*Propriétés communales; Eaux et Forêts; Édifices; Travaux publics; Ponts et Chaussées.*

(Néant).

## Série EE.

*Affaires militaires.*

(Néant).

## Série FF.

*Justice; Procédures; Police.*

(Néant).

## Série GG.

*Cultes; Instruction et Assistance publique.*

GG. 1. (Cahiers.) — Petit format; 2, 10 et 2 feuillets, papier.

1602-1624. — Baptêmes et sépultures faits par les sieurs Bernard (1605), Raisin (1609), Vairron (1620) et Monfilz (1624), curés, ou leurs vicaires.

GG. 2. (Registre.) — Petit format; 76 feuillets, papier.

1624-1630. — Baptêmes, mariages et sépultures faits par le sieur Monfilz, curé, ou ses vicaires. — Baptêmes de : Jean, fils de Thomas de Lamar et de Jeanne Guyot ; parrain, M. Bouchin, avocat à Chalon et juge ordinaire de Fontaines ; marraine, M<sup>elle</sup> Jeanne Chrestien, femme de M. de Pontoux, antique maire de Chalon (22 septembre 1624) ; — Judith, fille de Guillaume Monnot, maître d'école à Fontaines, et de Jeanne

Breneau (14 juin 1626) ; — Catherine, fille de M^re Jean Gybert, sergent royal, et de Dyene Laumonnier (9 août 1626) ; — Jacques, fils de M^re Jean Parisot, procureur d'office à Fontaines, et de Catherine Vernier ; parrain, Jean de Belval, écuyer, docteur en théologie, pour et au nom de M^gr Jacques de Neufchèses, évêque de Chalon ; marraine, M^elle Claudine Pelé, femme de M. Chappotot, lieutenant au bailliage dudit évêché (11 juillet 1627) ; — etc. — Sépultures de : M^re Philibert Parisot, clerc, âgé d'environ 60 ans (8 janvier 1625) ; — Jean Roux, âgé d'environ 100 ans (30 septembre 1625) ; — etc.

GG. 3. (Registre.) — Petit format; 158 feuillets, papier.

1629-1649. — Baptêmes, mariages et sépultures faits par les sieurs Monfilz et Billardet (1637), curés, ou leurs vicaires. — Baptêmes de : Claude-Félicité, fille de M^re Jean Parisot, sergent royal et procureur d'office, et de Catherine Vernier ; parrain, M^re Claude Tapin, seigneur d'Ouroux et Velars en partie, conseiller du Roi au bailliage de Chalon ; marraine, demoiselle Félicité des Barres, femme de Jean de Digoine, écuyer, seigneur d'Étroyes (7 août 1630) ; — Benoît, fils de M^re François Prestet, sergent royal, et d'Élisabeth Boulin, (28 septembre 1631) ; — Jeanne, fille de Jean Caillet et de Claude de La Collonge, « fille donnée » de feu noble Philippe de La Collonge (5 octobre 1633) ; — René, fils de Pierre Chappotot, fils de feu M^re Hiérémie Chappotot, procureur et notaire royal à Chalon, et de Philiberte Bayard, fille de Louis Bayard, de Verdun, *ex illegitimo concubitu* ; parrain, noble René de La Serrée, demeurant à Fontaines ; marraine, Jeanne Gibert, fille de M^re Jean Gibert, praticien audit lieu (23 octobre 1633) ; — Claude-Félicité et George, fils et fille de René de La Serrée et de Catherine Bouvier, sa servante, *ex illegitimo concubitu* (24 mars 1636 et 8 août 1639) ; — Jeanne Derthet ; parrain, François Charrolois, maître d'école à Fontaines ; marraine, Jeanne Gibert (19 avril 1636) ; — Anne, fille de Pierre Chappotot, maréchal des logis au régiment de Conti, et de Philiberte Bayard, *ex illegitimo concubitu* (14 octobre 1636) ; — François Gauthey ; parrain, M<sup>re</sup> François Charrolois, greffier à Fontaines pour Monseigneur de Chalon ; marraine, Germaine Masoyer, femme d'honorable François de Sansy, demeurant audit Fontaines (21 avril 1638) ; — Éléonore, fille de M. Millet de La Cosne, et de demoiselle Marguerite de Malain ; parrain, noble Jean Aubriot, pour et au nom de M. de Ponmay ; marraine, dame Denise-Éléonore de Chaussin, femme de M. le baron de Rully (16 juillet 1641) ; — etc. — Sépultures de : Guillaume Monnot, maître d'école, âgé d'environ 60 ans (12 mars 1630) ; — noble Philippe de La Collonge (3 novembre 1630) ; — Marie, fille de noble François Millet, seigneur de La Cosne et de Marguerite de Malain, âgée d'environ un an (10 décembre 1637) ; — Jeanne Boutheret, femme de Philibert Chaumont, âgée d'environ 60 ans, « qui a donné 50 soulz au Rosaire » (27 novembre 1641) ; — Jeanne Ménard, femme de Fiacre Mcley, âgée d'environ 80 ans, « qui a donné 20 soulz pour le Rosaire et 10 soulz pour la confrérie du Saint-Esprit » (22 janvier 1642) ; — Oudette Baudeau, femme de Jean Deschamps, âgée d'environ 30 ans, qui a « laissé 60 solz à la confrairie du Saint-Rosaire et un couvre-chef à l'autel dudit Rosaire, et 10 solz à la confrairie du Saint-Esprit » (24 janvier 1642) ; — Étienne Beurry, âgé d'environ 50 ans, « lequel a donné 3 frans à la confrérie du Rosaire et 20 soulz à celle du Saint-Esprit, pour faire des corporaliers » (5 février 1642) ; — Jean Brunchet, âgé d'environ 40 ans, « qui a donné une robbe de pris à la confrérie du Rosaire » (10 mars 1642) ; — Humbert Richard, âgé d'environ 100 ans (19 mars 1642) ; — Antoinette Luceau, femme d'Humbert Guyot, âgée d'environ 60 ans, « qui a donné un boisseau de blé à la confrérie du Rosaire » (22 août 1642) ; — « une fille, nommée Margueritte, laquelle avoit esté mise en nourrice ché Abraham Guyot par certains de Chalon qui ne luy ont voulu dire à qui elle appartenoit » (14 septembre 1643) ; — Fiacre Gybert, âgé d'environ 80 ans, « qui a donné deux boisseaux froment à la confrérie du Saint-Esprit, un escu à la confrérie du Rosaire pour estre [dit] des prières, et ordonné que l'on fasse des chants avec la grand'messe à son décès, au bout des six semaines autant, et autant au bout de l'an, de trois jours à chasque fois » (29 février 1644) ; — etc. — Mariage d'Éléonor-Gaspard de Marcilly, écuyer, sieur de Ponmay au diocèse d'Autun, avec dame Jeanne-Péronne de Malain, veuve de M. le baron de Montcony, sieur de Bellefont et de Montcoy, ladite dame demeurant à Fontaines (24 janvier 1649). — Etc.

GG. 4. (Registre.) — Petit format ; 169 feuillets, papier.

1643-1663. — Baptêmes, mariages et sépultures faits par le sieur Billardet, curé, ou ses vicaires. — Baptêmes de : Jeanne, fille de François Charrolois, maître d'école à Fontaines, et de Jeanne Geliot (9 août 1648) ; — Anne Chaumon ; parrain, honorable François Charrolois, notaire à Fontaines ; marraine, Anne Chaumon, du même lieu (1er juillet 1649) ; — Simonne Pyot; parrain, M$^{re}$ Didier Pinglier, prêtre, vicaire à Fontaines ; marraine, Simonne Billardet, fille de feu M$^e$ François Billardet, notaire royal, et sœur du curé dudit Fontaines (9 janvier 1650) ; — Philippe Chevreux ; parrain, noble Philippe de Montessus, baron de Rully ; marraine, dame Élisabeth Janthial, femme de M. Charles Millot, praticien, « admodiateur de la terre et seigneurie de Fontaines pour Monseigneur de Chalon » (9 février 1653) ; — Jeanne-Philippe, fille de M$^e$ Charles Millot, « adjoinct aux enquestes de Renet-le-Duc », et de demoiselle Élisabeth Janthial ; parrain, M$^{re}$ Philippe Janthial, curé de Rosey ; marraine, demoiselle Jeanne Cointot, femme de noble M$^e$ Jacques Janthial, avocat en Parlement (24 février 1653) ; — Gabrielle, fille de feu M$^{re}$ Bernard de Bar, seigneur de Bagnot et Montrecourt, gouverneur de Verdun pour le Roi, et de dame Jeanne de Méritain de Lago ; parrain, M. Jean-Baptiste de Vidard, seigneur de Cruzille ; marraine, demoiselle Marie de Bar, sœur de l'enfant, pour et au nom de dame Gabrielle Dugon, dame de Pourlans (17 juin 1653) ; — Jean-Baptiste Truchot ; parrain, M⁰ Jean-Baptiste Parisot le jeune, huissier audiencier de Fontaines ; marraine, Simonne Billardet (6 mars 1654) ; — Marie-Bénigne, fille de noble Esme de La Perrière, écuyer, sieur de « Dombal », et de Françoise Delorme, demeurant à Fontaines (29 juin 1659) ; — Pierre, fils de Jeanne Mercié, de Chalon, *ex illegitimo matrimonio*, « laquelle a déclaré que ledit Pierre provient des œuvres de Louys de Rémon, filz de Maistre Claude de Reymon, procureur et notaire royal à Chalon » ; parrain, Pierre Chevreux, de Fontaines ; marraine, Marie Protheau, pour et au nom d'Anne de Reymon, fille dudit sieur de Reymon (2 octobre 1661) ; — etc. — Mention d'une visite de M. « Belleval, grand archidiacre de Chalon », le 18 août 1649 (fᵒˢ 39 vᵒ et 164). — « Les eschevins font savoir quy voudra mettre plus de dix pinte d'huile sur les noyer de la communauté, que la délivrance sans fera dimanche prochain au-devant des alle au plus au franc et derniers enchérissan »; 1662 (fᵒ 126). — Sépultures de : Françoise de Digoin, veuve de M. de Valette, âgée d'environ 79 ans (6 avril 1654) ; — Claude Chevreux, dit Paignon, « eagé d'environ cent et quelques années » (29 juillet 1658) ; — Hugues Rigolet, avocat en Parlement, âgé d'environ 80 ans (16 décembre 1658) ; — Claude Bouilly, de Matour, « demeurant au service de M. de Chevigny, à Moroge, lequel s'est treuvé mort dans les bois de Fontaines, tout nud, et a esté recognu » par diverses personnes, lesquelles « ont asseuré avoir esté confessé en sa maladie d'une fièvre chaude, et s'estoit eschappé des domestiques dudit sieur de Chevigny par la violence de ladite fièvre, mesme ledit sieur de Chevigny a rescript et prié de l'enterrer en l'église dudit Fontaines » (9 juin 1659) ; — Humbert Satin, de Châtillon en Dombes, âgé d'environ 45 ans, « lequel est mort à Fontaines, retournant du voyage Sainte-Reyne » (10 octobre 1659) ; — Jacques Pelletier, de Thoissey en Dombes, âgé d'environ 17 ans, « retournant du voyage de Sainte-Reyne » (25 septembre 1660) ; — Jean Gauthé, « enterré devant l'autel Saint-Claude du costé du prosne » (14 août 1661) ; — Vivande Parisot, « enterrée au chœur, proche le balustre de la chappelle Saint-Michel » (15 août 1661); — Philiberte Poulenet, « enterrée proche l'autel Saint-Sébastien, entre les deux piliers de la nef » (18 août 1661) ; — Just Martin, « enterré du costé de saint Michel, proche l'autel Saint-Pierre » (19 août 1661 ) ; — Guillaume Chapoutot, « enterré proche la petite porte contre la muraille où estoit l'autel Saint-Barthélemy » (21 octobre 1661) ; — Pierre Parisot, « enterré en la chappelle Notre-Dame, au coing du costé du cimetière en bas » (26 octobre 1661); — François Richy, de Guise, proche Saint-Quentin en Picardie, âgé d'environ 40 ans, « retournant du voyage de Rome » (2 mai 1662) ; — Catherine Sansy, « enterrée proche le pilier devant Notre-Dame-de-Pitié » (2 février 1663) ; — « Le 20 octobre 1648, les os du corps de damoiselle Peley, femme de fut M. Chapoutot, advocat et baillif temporel, furent retyrés d'une vigne où elle estoit enterrée du temps des pestes et transportés en la chappelle du Rosaire de l'église de Fontaines » ; — « Le 1 may 1658 décéda Messire Jacque de Neuchèses, évesque de Chalon » ; — etc.

GG. 5. (Registres.) — Petit format ; 82 et 15 feuillets, papier.

1663-1670. — Baptêmes et mariages faits par le sieur Billardet, curé, ou ses vicaires. — Baptêmes de : Philibert, fils de Miland François et d'Anne Champagny, de Mâcon, « lesquelz estoient allez en voyage à Sainte-Reyne, et en retournant ladite Anne acoucha dans le chemin, et l'ont apporté jusqu'audit Fontaines pour estre baptisé » (22 avril 1663) ; — Philiberte, fille d'honorable Philibert Sansy, procureur d'office à Fontaines, et de Catherine Gybert (2 mai 1664) ; — Marie, fille de M⁰ Charles Millot, notaire royal, et d'Élisabeth Janthial, résidant à Fontaines (30 juin 1664) ; — « une fille de M. le baron de Rully » (8 juillet 1664) ; — Catherine, fille de Claude Robin, maître d'école à Fontaines, et de Claudine Adenot (22 janvier 1665) ; — Anne Martin ; parrain, Nicolas Pelissonnier ; marraine, demoiselle Anne Perreau, femme de noble Jacques Carré, écuyer, résidant à Fontaines (20 avril 1667) ; — Claude-Marie, fille de Jean-Baptiste Béturlé, chirurgien à Fontaines, et d'Élisabeth Thymonnet (4 septembre 1667) ; — etc.

GG. 6. (Registre.) — Petit format ; 24 feuillets, papier.

1663-1670. — Sépultures faites par le sieur Billardet, curé, ou ses vicaires. — Sépultures de : Claude Protheau, « enterré soubz le poupître de l'église » (12 août 1663) ; — Marguerite Bachelot, femme de Girard Bouvier, « maître opérateur » (8 février 1664) ; — Jean Lureau, Parisien, « qui a esté treuvé mort dans le bois du Ninglet » (8 avril 1664) ; — Louis, fils de M⁰ Charles Millot, notaire royal, âgé d'environ 3 ans, « enterré en la chappelle du Rosaire » (7 septembre 1664) ; — Benoît Sauney, « enterré en la chappelle Saint-Nicolas » (1ᵉʳ novembre 1666) ; — Louis Jomard, « enterré au milieu de la chappelle Notre-Dame du Rosaire » (16 décembre 1667) ; — etc.

GG. 7. (Cahiers.) — Petit format ; 24, 20 et 20 feuillets, papier.

1671-1673. — Baptêmes, mariages et sépultures faits par le sieur Billardet, curé, ou ses vicaires. — « Le 27 décembre 1671 la cloche de Saint-Nicolas de Fontaines fut fondue aux frais et despens des habitans dudit lieu, et fut bénicte en l'église dudit lieu, le 3ᵉ janvier 1672, soub le nom et en l'honneur de saint George et saincte Margueritte ». — Mariage de Mᵉ Nicolas Parisot, sergent général à Fontaines, avec Bénigne Ternet, de Flavigny (19 mai 1673). — Etc.

GG. 8. (Cahiers.) — Moyen format ; 12, 11, 10, 10, 10, 12 et 10 feuillets, papier.

1674-1680. — Baptêmes, mariages et sépultures faits par le sieur Billardet, curé, ou ses vicaires. — Sép. de dame Élisabeth Janthial, femme de Mᵉ Charles Millot, notaire royal, âgée d'environ 45 ans (19 février 1674). — « Le 25 juillet 1674, jour de saint Jacque et saint Christofle, plusieurs de Fontaines et des villages circonvoisins s'en estans allé en Bresse pour moissonner, en passant la Sône de Gergy à Verju, la barque rompit et plusieurs furent noyés, environ trente, dont il y en eut cinq de Fontaines, sçavoir Louys Poulenet, Guillaume Protheau, Philibert Guyot, Claude Langloy, Claude Gybert ». — « Le 21 avril 1675, Mʳᵉ François Billardet, presbtre, curé de Fontaines, maistre aux ars de la Faculté de Paris, a dit et célébré sa première messe dans l'église parochiale dudit lieu ». — Sép. de : Claude Robin, sergent à Fontaines, âgé d'environ 40 ans (30 janvier 1676) ; — Mᵐᵉ Françoise Penessot, veuve de M. le conseiller Millière, âgée d'environ 70 ans (23 décembre 1676) ; — Étienne, fils de Mʳᵉ Abraham Devarenne, maître d'école à Fontaines, âgé d'environ 3 ans (2 janvier 1677) ; — honorable Philibert Sansy, procureur d'office de Fontaines, âgé d'environ 45 ans (13 avril 1677). — « Le 2 may (1677) est décédé le révérand père en Dieu Messire Jean de Maupeou, évesque de Chalon ». — Sép. de : Mʳᵉ Jean Chevreux, prêtre, âgé d'environ 60 ans (8 mars 1678) ; — Pierre Armand, « de Cusaque en la duché de Narbonne, lequel est décédé à Fontaine, au retour d'un voyage de Romme », âgé d'environ 50 ans (2 mars 1680). — Etc.

GG. 9. (Cahiers.) — Moyen format; 10, 12, 12, 12, 14, 12, 12, 12, 12 et 12 feuillets, papier.

1681-1690. — Baptêmes, mariages et sépultures faits par les sieurs Billardet et Ryard (1684), curés, ou leurs vicaires. — Mar. de Hugues, fils naturel de feu M$^{re}$ Hugues Rigolet, avocat à la Cour, avec Françoise Bouzereau, fille de Didier Bouzereau, vigneron à Fontaines (3 février 1681). — Sép. de : « un passant qui a esté tué par son compagnon, incognu, âgé d'environ 20 ans » (7 mai 1681) ; — M$^{re}$ Charles Millot, notaire royal, âgé d'environ 60 ans (30 avril 1682) ; — noble François-Théodore de Thésut, aumônier et prédicateur ordinaire du Roi, « enterré proche le grand autel, du costé gauche » (10 janvier 1683) ; — Jacques Chevreux, sergent au bailliage de l'évêché, âgé d'environ 55 ans (26 février 1683). — Bapt. de : Jacques, enfant naturel de Bernard Guienot, praticien à Chalon, et de Pierrette Millon, fille de Denis Milon (sic), manouvrier à Fontaines (28 février 1683) ; — Louis, fils de M$^{re}$ Théodore Énoch, notaire royal et fermier de la terre de Fontaines, et de Marguerite Pinget (16 mars 1684). — Sép. de : M$^{re}$ François Charrolois, praticien à Fontaines, âgé d'environ 60 ans (5 mars 1685) ; — « Françoise Jacque, veufve de La Tour, native de Givry, morte dans la troupe des Bohêmes, au lieu de Fontaine », âgée d'environ 50 ans (17 novembre 1685). — Mar. de Georges Sansy, praticien à Fontaines, avec Françoise Ryard, de Neublans, diocèse de Besançon (18 juin 1686). — Sép. de Mathieu, fils de Philippe Bouvot, bourgeois de Chalon, et de Marguerite du Noyer, âgé d'environ huit mois et demi (24 juillet 1686) : ... *Hoc anno facta est abjuratio universalis ab omnibus hereticis calvinistis in Gallia, et hic est primus infans, cujus parentes erant heretici, qui a me sepultus est, accepto sacramento baptismi a sacerdote...* — Sép. de : honorable Jean Gibert, marchand, âgé d'environ

75 ans, « fondateur de la petite messe toutes les festes et dimanches à perpétuité » (10 mars 1688) ; — Mᵉ François Billardet, prêtre, de Vantoux, près Gy en Comté, âgé d'environ 82 ans, « ayant fait les fonctions curiales à Fontaine l'espace de 52 années » (21 octobre 1688) ; — Nicolas Parisot, sergent et huissier royal, âgé d'environ 55 ans (8 novembre 1689). — Bapt. de François, fils de Théodore Énoch, notaire royal, et de Marguerite Pinget ; parrain, Mᵉ François Ricord, chirurgien à Fontaines (9 janvier 1690). — Etc.

GG. 10. (Cahiers.) — Moyen format; 12, 16, 12, 10, 12, 8, 8, 12 et 12 feuillets, papier.

1691-1699. — Baptêmes, mariages et sépultures faits par le sieur Ryard, curé, ou ses vicaires. — « Émiland Ryard, mon frère, notaire royal à Neublan, au bailliage de Dôle, a esté enterré dans l'église dudit Neublan, le 12 janvier 1692 ; il estoit âgé d'environ 44 ans. F.-I. Ryard, prêtre, curé de Fontaine ». — Sép. de : Benoît Dumont, vigneron et tissier de toile à Fontaines, âgé d'environ 55 ans, qui « a donné une ouvrée de vigne A la Condemene à la cure de Fontaine pour une grande messe à perpétuité le jour de sa mort » (2 février 1694) ; — Françoise Ryard, de Neublans, sœur du curé de Fontaines et femme de Georges Sansy, praticien audit lieu, âgée d'environ 35 ans (1ᵉʳ août 1694). — Bapt. de : Georges, fils de Jean Gibert, procureur d'office à Fontaines, et de Marie Bertaut (6 janvier 1695) ; — Claudine, fille de Barthélemy Tricaut, d'Ouroux, et de Jeanne Tabouleux, « ladite mère accouchée en ce lieu de Fontaine, en courant après son mary qui a esté arresté et emmené par des soldats » (18 février 1695). — Sép. de : Lazare Godefroy, enterré en présence de Charles Cardinal, maître d'école à Fontaines (12 mars 1695) ; — Françoise, fille du sieur Noury, maître chirurgien à Fontaines, âgée d'environ 4 ans (31 juillet 1699). — Etc.

GG. 11. (Registre.) — Moyen format ; 212 feuillets, papier.

1700-1713. — Baptêmes, mariages et sépultures faits par le sieur Ryard, curé, ou ses vicaires. — Bapt. de Jean, fils d'Antoine Delorme, de Matour en Mâconnais, maître d'école à Fontaines, et d'Adrienne Marcoux (8 mars 1700). — Sép. de Jean Quarré, mari de Marie Tournemotte, âgé d'environ 35 ans, et de Georges Tournemotte, âgé d'environ 22 ans, « escrasés dans la perrière de Fontaine, qui leurs est tombé dessus » (10 décembre 1701). — Bapt. de : Nicolas, fils de Claude Chalgrin, huissier à Fontaines, et de Jeanne Roland ; parrain, Nicolas Guillot, procureur d'office à Fontaines ; marraine, Madeleine Perreaut, femme de M. Roland (9 mars 1704) ; — Philibert, fils de Philibert Vaillant, de Chassagne, recteur d'école à Fontaines, et de Pierrette Bulon (13 octobre 1705) ; — Jeanne, fille de Paul Maritan, demeurant à Tournus, et d'Antoinette Christofle, « retournante de Sainte-Reine » (23 juin 1708). — Sép. de : « une fille inconnue, mendiante, âgée d'environ 20 ans » (12 octobre 1709) ; — « un inconnu, mendiant, nommé Champion » (19 novembre 1709) ; — « une fille mendiante, âgée d'environ 15 ans » (5 janvier 1700) ; — Jean Bonnamour, meunier au moulin de Saint-Léger-du-Bois, incendié cette année même (18 janvier 1710) ; — « un pauvre mendiant d'auprès d'Autun, âgé d'environ 20 ans » (2 février 1710). — Bapt. de Jeanne, fille de Pierre Lebaut, recteur d'école à Fontaines, et de Louise Bataut (1er décembre 1710). — Sép. de Me Théodore Énoch, notaire royal à Fontaines, âgé d'environ 58 ans (11 avril 1711). — Bapt. de Jeanne-Marguerite, fille de noble Jean Janthial, conseiller du Roi, avocat à la Cour, enquêteur et maître particulier des Eaux et Forêts du Chalonnais, et d'Anne Canat (5 novembre 1712). — Etc.

GG. 12. (Registre.) — Moyen format ; 220 feuillets, papier.

1714-1732. — Baptêmes, mariages et sépultures faits par les sieurs Ryard, Marchant du Maulgny (1717), et Gandillon (1728), curés, ou leurs vicaires. — Sép. de : Étienne Gereux et Jean Dojam, « manouvriers, travaillans à tirer du pavé dans la perrière de Fontaine, pour paver le grand chemin de Chalon à Dijon, escrasés sous les butins de ladite perrière, le 7 may » (8 mai 1714) ; — Huguette Maillet, veuve de Denis Bontemps, procureur à Dôle, âgée d'environ 72 ans (6 novembre 1715) ; — Philibert Sancy, ancien procureur d'office, âgé de 70 ans (2 mai 1718). — Bapt. de : Guillaume, fils de M. Jantial, maître particulier des Eaux et Forêts, et d'Anne Canat (13 novembre 1718) ; — Anne, fille de Jacques Ribout, recteur d'école, et de Philiberte Narjoux (19 février 1721). — Sép. de Claude Ribout, âgé de 60 ans, « inhumé dans l'église, au coin de l'autel Saint-Jean, du côté de l'Évangile » (4 mai 1721). — Bénédiction d'une « cloche que les habitants avoient fait refondre pour mettre en la chapelle de Saint-Nicolas, paroisse de Fontaine » (26 septembre 1723). — Sép. de : Jean, fils de Charles Chevereux et de Philiberte Petit, âgé de 4 à 5 ans, qui « est malheureusement péri par le feux, qui s'est pri à ses habits et l'a étouffé pendant la grande messe » (3 décembre 1725) ; — demoiselle Anne Pugeau, âgée d'environ 100 ans (25 février 1726). — Bapt. d'Antoine, fils de M. Valentin Juillet, notaire à Fontaines, et de demoiselle Reine Leschenau (7 décembre 1727). — Mar. de : M. François Noury, maître chirurgien à Fontaines, fils de M. Jacques Noury, aussi chirurgien audit lieu, avec Anne Chevreux (27 janvier 1728) ; — M. Théodore Berby, écuyer, fils de Mre Edme Berbis (*sic*) et de dame Claudine Venot, avec demoiselle Jeanne de Lesval, fille de Mre Jean-Guy de Léval (*sic*), seigneur de Saint-Martin, et de dame Marie Lamiral (30 janvier 1730). — Etc.

**GG. 13. (Registre.)** — Moyen format ; 113 feuillets, papier.

1733-1742. — Baptêmes, mariages et sépultures faits par le sieur Gandillon, curé, ou ses vicaires. — Bénédiction d'une des petites cloches, sous le nom de Jeanne-Françoise ; parrain, Paul-François Berbis, demeurant au Champ-Nollot ; marraine, Jeanne de Lesval (12 juillet 1733). — Bapt. de : Claude-Louis-Philibert, fils de Pierre Meuley, recteur d'école à Fontaines, et de Jeanne Voillery (30 mars 1736) ; — Jean-Jacques, fils de M. Antoine Lescheneau, docteur en médecine, et de dame Louise Gacon (5 octobre 1736). — Sép. de dame Marie-Madeleine Martin, épouse de M. Gaudet, avocat à la Cour, « inhumée dans la chapelle Saint-Michel de Fontaine » (14 octobre 1736). — Mar. de : M. Charles Desboz, officier major au régiment de Damas-Infanterie, fils de feu M. Jacques Desboz, lieutenant général au bailliage de Chalon, et de feu dame Aimée-Marie Arthaud, avec demoiselle Thérèse de Montherot, veuve de Me Jacques Lardillon, conseiller du Roi, juge et garde-marteau en la maîtrise des Eaux et Forêts de Chalon, fille de feu Nicolas de Montherot, marchand à Chalon, et de feu demoiselle Thérèse Therret (13-22 mars 1737) ; — M. Claude Burignot, avocat à la Cour, âgé de 28 ans, fils de feu M. Jean Burignot, conseiller du Roi et contrôleur général des finances de Bourgogne et Bresse, et de dame Jeanne-Marie Guerret, demeurant à Chalon, avec demoiselle Marie Loppin, fille de feu M. Charles Loppin, bourgeois de Beaune, et de feu demoiselle Jeanne Dumeix (25 novembre 1738). — Etc.

**GG. 14. (Registre.)** — Moyen format ; 114 feuillets, papier.

1743-1752. — Baptêmes, mariages et sépultures faits par le sieur Gandillon, curé, ou ses vicaires. — Mar. de Pierre, fils de Claude-Hugues Moyne, apothicaire à Poligny en Franche-Comté, avec demoiselle Barbe Gandillon, fille de feu Jean-Claude Gandillon, marchand à Orgelet en Franche-Comté (20-23 septembre 1743). — Sép. de : Geneviève Juillet, âgée de 100 ans (23 octobre 1743); — M. François Noury, maître chirurgien à Fontaines, âgé d'environ 50 ans (2 mai 1748). — Etc.

GG. 15. (Registre.) — Moyen format ; 118 feuillets, papier.

1753-1763. — Baptêmes, mariages et sépultures faits par le sieur Gandillon, curé, ou ses vicaires. — Mar. de M. Henri Lévêque, maître chirurgien à Fontaines, âgé d'environ 34 ans, fils de feu Claude Lévêque, marchand à Vielmoulin, avec Jeanne Dodey, âgée de 24 ans, fille de feu Benoît Dodey, laboureur audit Fontaines (19 mars 1753). — Sép. de : Melle Barbe Gandillon, âgée d'environ 65 ans, sœur du curé (11 décembre 1758); — le père André, religieux cordelier, âgé d'environ 40 ans (27 août 1759); — M. Jean-Jacques Desboz, âgé d'environ 55 ans, capitaine et ingénieur ordinaire du Roi, inhumé dans la chapelle Saint-Michel de l'église (8 décembre 1759); — Jean Proteau, garde des bois et chasse de la terre de Fontaines, âgé d'environ 40 ans, « trouvé écrasé et ensevelis soubs des déblais d'un terrain, à la périère de Fontaine » (16 octobre 1769); — Philibert Bourbon, vigneron à Fontaines, âgé de 25 ans, « tué par un accident d'un coup de fusil » (6 septembre 1762). — Etc.

GG. 16. (Registre.) — Moyen format ; 122 feuillets, papier.

1763-1773. — Baptêmes, mariages et sépultures faits par les sieurs Gandillon et Grospierre (1763), curés, ou leurs vicaires. — Sép. de : Martial Grospierre, père du curé (5 décembre 1764) ; — noble Paul-François Berbis, âgé d'environ 74 ans (26 avril 1765) ; — le frère Modeste, de Pont-de-Vaux, capucin laï, âgé d'environ 72 ans (10 janvier 1768) ; — Jacques Ribout, maître d'école à Fontaines, âge d'environ 78 ans (13 mai 1771). — Mar. de Georges Sauney, marchand et fermier, demeurant à Fontaines, veuf d'Anne Marinot, avec demoiselle Philiberte Lévêque, fille de M. Henri Lévêque, maître chirurgien (30 août-5 septembre 1772). — Etc.

GG. 17. (Registre.) — Moyen format ; 150 feuillets, papier.

1773-1783. — Baptêmes, mariages et sépultures faits par le sieur Grospierre, curé, ou ses vicaires. — Sép. de : M. Henri Lévêque, maître chirurgien, âgé d'environ 56 ans (11 novembre 1775) ; — M. Jean-Baptiste Grospierre, ancien économe de la maison de l'Oratoire de Poligny en Comté, âgé d'environ 89 ans (27 mai 1776). — Mar. de Jean, fils mineur de Dominique Cugny, maître d'école à Fontaines, avec Jeanne-Nicole, fille majeure de feu Benoît Mocquin, maître sabotier, de Moirans au diocèse de Saint-Claude en Comté (19 mai 1778). — Etc.

GG. 18. (Registre.) — Moyen format ; 164 feuillets, papier.

1783-1792. — Baptêmes, mariages et sépultures faits par les sieurs Grospierre, Royer (1788), et Gauthey (1791), curés, ou leurs vicaires. — Mar. de M. Jean-Marie Decologne, conseiller du Roi, son procureur au bailliage de Beaune, fils de Me Pierre-François Decologne, notaire royal audit Beaune, avec dame Philiberte Lévêque, veuve de Georges Saulnier, bourgeois à Fontaines (25 août 1785). — Sép. de : M. Claude-Joseph Grospierre, curé de Fontaines, âgé de 61 ans (13 février 1786); — Françoise Nectoux, âgée d'environ 22 ans, « trouvée morte dans la citerne proche la masure cy-devant la chapelle de

Saint-Hilaire » (16 mai 1786) ; — Claude Berthier, pionnier au canal du Centre, âgé d'environ 21 ans, « trouvé noyé par accident audit canal », et inhumé par ordre de « M. le procureur fiscal de la juridiction du canal du Charrollois » (12 juin 1787) ; — M° Pierre Grospierre, curé de Fontaines, âgé d'environ 60 ans (19 mai 1788). — Mar. de : Claude Pareillet, procureur de la commune, avec Anne Sauney (1ᵉʳ février 1791) ; — Charles Protheau, capitaine de la garde nationale de Fontaines, et tailleur de pierres audit lieu, avec Marie Protheau (8 février 1791). — Bapt. de Jean-Baptiste, fils dudit Charles et de ladite Marie Protheau (24 juin 1791). — Sép. de : Jean-Baptiste Protheau, tailleur de pierres et officier municipal, âgé de 35 ans (22 janvier 1791) ; — Jean Dodey, commissaire à terriers à Fontaines, âgé de 33 ans (22 janvier 1792). — Etc.

GG. 19. (Liasse.) — 1 pièce, parchemin ; 6 pièces, papier.

1665-1667. — Dîmes et patronage. — Procès entre M. François Billardet, curé de Fontaines, d'une part, et les chanoines du chapitre de l'église cathédrale de Saint-Vincent de Chalon, d'autre part, touchant la perception de dîmes novales et de séquelles faite par ledit curé « sur un petit climat du finage de Fontaine, que les demandeurs ont acquis du sieur prieur de Saint-Marcel, lequel climat apellé *Gleine* est sur le finage dudit Fontaine, despendant du dixme de Marcuré, et sur un climat appelé *Mauvareyne*, finage de Mercurey », et touchant le droit de patronage prétendu par lesdits demandeurs.

GG. 20. (Liasse.) — 4 pièces, parchemin ; 9 pièces, papier.

1532-1765. — Fondations, dons et legs. — Vente par Claude Morend et Claudine, veuve de Guillaume Morend, de

Fontaines, à Guillaume Gelyot, du même lieu, d'un « meix, maison, court, jardin, vigne, assis audict Fontaine, en la rue *Es Mareschaulx*, vulgairement appellé *le meix Rondot*, chargé envers le luminairier de la confrérie Notre-Dame de l'églize dudict Fontaine, pour la fondation des octaves de la feste du précieulx corps de Dieu, fondé par fut Messire Philibert Morend, leur frère, soubz la rente de la somme de six frans payable chacung an » (3 avril 1532, expédition de 1641). — Codicile par lequel Maître François Billardet, ancien curé de Fontaines, « donne à la chapelle de Sainct-Jean-Baptiste érigée en l'église, la somme de six-vingt livres, qui seront employez en achapt d'héritages, pour les revenus en provenans estre employez et perçus par le sieur curé de Fontaine et ses successeurs curés, à condition qu'ils diront à perpétuité tous les premiers jours de chaque mois, à l'autel Saint-Jean-Baptiste dudit Fontaine, une messe basse et à la fin un *Libera me* pour le repos de son âme, desquels revenus ledit sieur curé donnera annuellement cinq solz au maistre d'eschole dudit Fontaine, à condition qu'il sonnera ladite messe en douze coups de la grosse cloche, et ensuitte la sonnera au branle pour advertir le peuple, et jusques à ce qu'on aye trouvé des héritages pour employer ladite somme de six-vingt livres, dame Symonne Billardet, sa sœur, payera annuellement audit sieur curé six livres, et cinq solz audit maistre d'eschole ; payera encore aux confrérie de l'église dudit Fontaine pour une fois dix livres, et deux bichets de bled aux pauvres dudit Fontaine, et un bichet à ceux de Farges, plus dix livres à l'église de Fontaine pour estre employez à réparer les fonts baptismaux, et son missel à l'église de Farges, le tout aussy pour une fois » (28 septembre 1688). — Donation entre vifs, par laquelle Jean-Baptiste Gaudeau, maître charron à Fontaines, et Marie Melenot, sa femme, fondent en l'église dudit lieu, moyennant la somme de cent livres, « quatre messes basses et quatre messes hautes, lesquelles quatre messes basses seront dites à chacun samedy des Quatre-Temps de l'année, dont il y en aura deux messes de *requiem* et les deux autres du jour, et les quatre autres grandes messes, l'une dans l'octave de la Chandeleur, l'autre dans l'octave du Saint-Sacrement, l'autre dans l'octave de l'Assomption, et l'autre dans l'octave de la Présentation Nostre-Dame, et ce à perpétuité, et sera tenu le sieur curé de faire sonner lesdites messes et fournir le luminaire, suivant l'usage et coustume du lieu », plus donnent « à la confrérie du Saint-Sacrement, érigée en l'église dudit Fontaine, la somme de trois livres, à la confrérie du Sainct-Esprit trente solz, et à la confrérie de Saint-Sébastien quarente solz, payables par le dernier survivant par moitié et l'autre moitié par les héritiers du dernier mourant ; donnera aussy le dernier survivant un bichet de bled ès pauvres dudit Fontaine », plus « dix livres pour faire dire des prières pour le salut et repos du prémourant » (9 janvier 1689) ; autre fondation par les mêmes, de cinq messes, dont une grande et quatre basses, moyennant quarante sous d'annuelle rente (22 janvier 1690). — Testament de Joseph Langlois, fils de feu Philibert Langlois, vigneron à Fontaines, lequel fonde en l'église dudit lieu, huit messes, suivies d'un *Libera* avec l'oraison sur sa tombe à perpétuité, moyennant la rente annuelle de six livres, au capital de cent-vingt livres, assise sur deux pièces de vignes, d'environ trois ouvrées chacune, *au Pasquier de l'eau*, autrement *au Champ Hilaire*, chargées d'une demi mesure de froment par an envers le seigneur dudit Fontaines (26 août 1690). — Donation entre vifs par laquelle Étienne Bordot, maître tailleur de pierres et couvreur de tuiles, résidant à la citadelle de Chalon, et Adrienne Chauvot, sa femme, lèguent « aux pauvres nécessiteux de Farge et dudit Chalon la somme de dix livres, et après la mort du dernier survivant tous les biens [à luy] donnés à titre d'usufruit reviendront à l'église paroissialle dudit Farge, pour estre les revenus annuellement employés à faire dire à perpétuité vingt-cinq messes basses de *requiem* les vingt-cinq premières semaines de chaque année, et un *Libera* sous les cloches tous [les] dimanches de l'année du décedz dudit survivant, et le surplus pour estre employé aux nécessités de ladite église. » (11 octobre 1691). — Donation par laquelle Jean Parizot, fils de feu Jean Parizot, vigneron à Fontaines, fonde en l'église dudit lieu, moyennant la somme de trois cents livres, trois grandes messes annuelles et une messe basse dans la première semaine de chaque mois à perpétuité, plus lègue « au sieur Pierre Le Clerc, professeur aux bonnes lettres, demeurant audit Fontaine, la somme de soixante et quinze livres, et ce en considération des bons et agréables services, soins et traictementz que ledit sieur luy faict journellement » (15 avril 1692) ; — reconnaissance par Reine Grachet, veuve de M. François Parizot, commissaire aux saisies réelles à Chalon, de la rente annuelle et perpétuelle de sept livres, dix sous, par elle due au curé de Fontaines, pour la fondation de Jean Parizot (1er décembre 1765). — Donation par laquelle Jean Langlois l'ancien, vigneron à Fontaines, abandonne le principal de trente-cinq sous d'annuelle rente à lui due, « ès confrairies du Saint-Sacrement et du Saint-Esprit, et ce pour la sépulture des pauvres dudit Fontaine » (14 juin 1694). — Constitutions de rentes fournies pour l'assiette desdites fondations ou d'autres. — Etc.

GG. 21.(Liasse.) — 1 pièce, parchemin ; 4 pièces, papier.

1696-1738. — Fondations, dons et legs. — Donation par laquelle Françoise Granger, veuve de feu Jean Théveneau, marchand à Farges, laisse au curé dudit lieu la somme de cent livres, assise sur une pièce d'environ trois ouvrées de vigne, *dernier le Mottée*, à charge par lui de dire chacun an, dans l'église dudit Farges, six messes basses à perpétuité « pour les défuncts de la famille de fut Jean Théveneau et de la donatrice » (18 octobre 1708). — Donation entre vifs, faite par Joseph Chevreux, vigneron à La Loyère, à Pierrette Chevreux, sa sœur, femme de Philibert Dartet, vigneron à

Fontaines, à charge par elle de faire dire neuf grand'messes en l'église dudit Fontaines, et de ne « demander aucun payement de ce que Jacques et Nicolas Chevreux, leurs frères, luy peuvent debvoir, à charge par ledit Jacques luy faire dire neuf messes basses, et ledit Nicolas quinze messes basses », et « en oultre, ledit donateur veut et entend que sadite héritière donne la somme de quarante livres à l'église dudit Fontaine » pour « deux messes basses à chacque jour de feste saint Joseph, deux jours devant ou deux jours apprès » (19 avril 1710). — Testament de M⁾ᵉ Guillaume Sousselier, prêtre, curé de Farges, lequel fonde en l'église dudit Farges, quatre messes par an (3 septembre 1710). — Cession faite par Philibert, Françoise, Marie, Jeanne et Anne Liébault, tous enfants de feu Jean-Baptiste Liébault, marchand à Fontaines, et de feu Jeanne Dumont, au curé dudit Fontaines, de six andains de pré *en la Prairie* et d'une soiture *en Prey Riot*, pour la célébration de dix grandes messes de *requiem* par an au lieu des quarante messes basses fondées par feu Françoise Dumont, femme de François Popenet, marchand à Mimande (20 juin 1738). — Constitutions de rentes fournies pour l'assiette desdites fondations ou d'autres. — Etc.

GG. 22. (Liasse.) — 1 pièce, parchemin ; 1 pièce, papier.

1694-1705. — Acquisitions de biens. — Vente par Claude Vélard, laboureur à Fontaines, à M⁾ᵉ François-Ignace Ryard, prêtre, curé dudit lieu, d'environ une ouvrée de vigne *dernier le Chasteau*, moyennant le prix de vingt livres (2 mai 1694). — Transport fait au même, par Madeleine Narjoux, veuve de Jean Truchot, vigneron à Fontaines, d'environ dix-huit ouvrées de vignes *en la Combe*, « aultrefois données à rente foncière par vénérable M⁾ᵉ Pierre Desmolly, curé dudit Fontaine, soubz la redevance de trois boisseaux froment, moyennant que

ladite cédante demeurera deschargée desdits trois boisseaux »
et que Mʳᵉ Ryard « luy laissera la jouissance desdites vignes
pendant le temps de six ans » (13 juin 1705).

GG. 23. (Liasse.) — 1 pièce, parchemin ; 2 pièces, papier.

1766-1778. — Amodiations de biens. — Bail fait par Jean
Grospierre, curé de Fontaines, à François Beury, vigneron
audit lieu, d'une pièce de vigne d'environ sept ouvrées, *à la
Framboise*, finage de Mercurey, moyennant cinq livres
chacune des six premières années et neuf livres chacune de
vingt-trois autres (3 avril 1766). — Action intentée par ledit
sieur curé, au bailliage et siège présidial de Chalon, audit
amodiateur qui d'une part, ne payait pas les termes de son
bail, et d'autre part avait enlevé ou fait enlever « les meilleures
terres, c'est-à-dire la superficie de ladite pièce de vigne »
(30 juillet 1777-25 septembre 1778).

GG. 24. (Liasse.) — 2 pièces, parchemin ; 1 pièce, papier.

1696-1742. — Impôts. Capitation, décimes et amortissements. — Sentence du juge ordinaire de la chambre du clergé
du diocèse de Chalon, qui réduit et modère à dix livres la capitation de Mʳᵉ Ryard, curé de Fontaines, et à cinquante livres
ses décimes (17 novembre 1696). — Quittances : de dix livres
« pour le droit d'amortissement de vignes, de valeur de
soixante livres, données à l'église de Fontaine par le sieur
François-Ignace Ryard, suivant son testament du 1ᵉʳ février
1717 » (6 juillet 1742) ; — de seize livres, treize sous, quatre
deniers « pour le droit d'amortissement d'un principal de cent

livres donné à la fabrique de Fontaine par Françoise Dumont, femme Popenet, suivant son testament du 18 avril 1716 » (1ᵉʳ octobre 1742).

### Série HH.
*Agriculture; Industrie; Commerce.*
(Néant).

### Série II.
*Documents divers.*
(Néant).

# INDEX[1]

## DES NOMS DE LIEUX

ARNAY-LE-DUC, « Renet-le-Duc », 4.
AUTUN, 11.

BAGNOT, 4.
BEAUNE, 13, 18.
BELLEFONT, 3.
BOURGOGNE, 13.
BRESSE, 8, 13.

CHALON, 2-4, 9, 12, 13, 20, 23, 24.
CHALONNAIS, 11.
CHAMP-HILAIRE (Au). V. Pasquier de l'Eau (Au).
CHAMP-NOLLOT (Le), 13.
CHASSAGNE, 11.
CHATILLON-EN-DOMBES, 4.
COMBE (En la), lieudit, 22.
CONDEMENE (A la), lieudit, 10.
COSNE (La), 3.
CRUZILLE, 4.
« CUSAQUE en la duché de Narbonne », 8.

DERNIER LE CHASTEAU, lieudit, 22.
DERNIER LE MOTTÉE, lieudit, 21.
DIJON, 12.
DÔLE, 10, 12.
« DOMBAL », 4.

ETROYES, 3.

FARGES, « Farge », 20, 21.
FLAVIGNY, 7.
FRAMBOISE (A la), lieudit, 23.

GERGY, 8.
GLEINE, lieudit, 19.
GUISE, près Saint-Quentin en Picardie, 4.

LOYÈRE (La), 21.

MACON, 5.
MARESCHAULX (Es), rue, 20.
MATOUR EN MACONNAIS, 4, 11.
MAUVAREYNE, lieudit, 19.
MERCUREY, « Marcuré », 19, 23.
MIMANDE, 21.
MOIRANS au diocèse de Saint-Claude, 17.
MONTCOY, 3.
MONTRECOURT, 4.
MOROGES, 4.

NEUBLANS au diocèse de Besançon, 9, 10.
NINGLET (Bois du), 6.

ORGELET en Franche-Comté, 14.
OUROUX, 3, 10.

PARIS, 8.

(1) Les chiffres de renvoi se réfèrent aux articles et non aux pages.

Pasquier de l'Eau (Au), autrement Au Champ-Hilaire, lieudit, 20.
Poligny en Franche-Comté, 14, 17.
Ponmay au diocèse d'Autun, 3.
Pont-de-Vaux, 16.
Pourlans, 4.
Prairie (En la), lieudit, 21.
Prey Riot (En), lieudit, 21.

« Renet-le-Duc ». V. Arnay-le-Duc.
Rome, 4, 8.
Rondot (Meix), 20.
Rosey, 4.
Rully, 4.

Saône, 8.
Sainte-Reine, 4, 5, 11.
Saint-Léger-du-Bois, 11.
Saint-Martin, 12.

Thoissey en Dombes, 4.
Tournus, 11.

Vantoux, près Gy en Comté, 9.
Velars, 3.
Verdun, 3, 4.
Verjux, « Verju », 8.
Vielmoulin, 15.

# INDEX

## DES NOMS DE PERSONNES

ADENOT (Claudine), femme de Claude Robin, 5.
ANDRÉ (Le père), religieux cordelier, 15.
ARMAND (Pierre), « de Cusaque », 8.
AUTHAUD (Marie-Aimée), f. de Jacques Desboz, 13.
AUBRIOT (Noble Jean), 3.

BACHELOT (Marguerite), f. de Girard Bouvier, 6.
BAR (M<sup>re</sup> Bernard de), seigneur de Bagnot et Moutrecourt, gouverneur de Verdun, 4.
— (Gabrielle de), 4.
— (Marie de), 4.
BARRES (Félicité des), f. de Jean de Digoine, 3.
BATAUT (Louise), f. de Pierre Lebaut, 11.
BAUDEAU (Oudette), f. de Jean Deschamps, 3.
BAYARD (Louis), de Verdun, 3.
— (Philiberte), 3.
BELLEVAL (M.), grand archidiacre de Chalon, 4.
BELVAL (Jean de), écuyer, docteur en théologie, 2.
BERBIS (M<sup>re</sup> Edme), 12.
— (Noble Paul-François), demeurant au Champ-Nullot, 13, 16.
— BERBY (M. Théodore), écuyer, 12.
BERNARD (M<sup>re</sup>), curé, 1.
BERTAUT (Marie), f. de Jean Gibert, 10.

BERTHIER (Claude), pionnier au canal du Centre, 18.
BÉTURLÉ (Claude-Marie), 5.
— (Jean-Baptiste), chirurgien, 5.
BEURRY (Etienne), 3.
BEURY (François), vigneron, 23.
BILLARDET (M<sup>re</sup> François), de Vantoux, curé, 3-9, 19, 20.
— (M<sup>re</sup> François), maître ès arts de la Faculté de Paris, curé, 8, 9.
— (M<sup>e</sup> François), notaire royal, 4.
— (Simonne), 4, 20.
BONNAMOUR (Jean), meunier à Saint-Léger-du-Bois, 11.
BONTEMPS (Denis), procureur à Dôle, 12.
BORDOT (Etienne), maître tailleur de pierres et couvreur de tuiles à Chalon, 20.
BOUCHIN (M.), avocat à Chalon et juge ordinaire de Fontaines, 2.
BOUILLY (Claude), de Matour, 4.
BOULIN (Elisabeth), f. de François Prestet, 3.
BOURBON (Philibert), vigneron, 15.
BOUTHERET (Jeanne), f. de Philibert Chaumont, 3.
BOUVIER (Catherine), servante de René de La Serrée, 3.
— (Girard), « maître opérateur », 6.
BOUVOT (Mathieu), 9.
— (Philippe), bourgeois de Chalon, 9.

BOUZEREAU (Didier), vigneron, 9.
— (Françoise), 9.
BRENEAU (Jeanne), f. de Guillaume Monnot, 2.
BRUNCHET (Jean), 3.
BULON (Pierrette), f. de Philibert Vaillant, 11.
BUBIGNOT (M. Claude), avocat à la Cour, 13.
— (M. Jean), conseiller du Roi, contrôleur général des finances de Bourgogne et Bresse, 13.

CAILLET (Jean), 3.
— (Jeanne), 3.
CANAT (Anne), f. de Jean Janthial, 11, 12.
CARDINAL (Charles), maître d'école, 10.
CARRÉ (Noble Jacques), écuyer, demeurant à Fontaines, 5.
CHAMPAGNY (Anne), f. de Miland François, 5.
CHAMPION, 11.
CHALGRIN (Claude), huissier, 11.
— (Nicolas). 11.
CHALON (Monseigneur de), 3, 4.
CHAPOUTOT (Guillaume), 4.
— CHAPPOTOT (M.), lieutenant au bailliage de l'évêché de Chalon, alias avocat et bailli temporel, 2, 4.
CHAPPOTOT (Anne), 3.
— (M" Hiérémie), procureur et notaire royal à Chalon, 3.
— (Pierre), maréchal des logis au régiment de Conti, 3.
— (René), 3.
CHARROLOIS (M" François), maître d'école, puis greffier pour Monseigneur de Chalon, puis notaire, puis praticien, 3, 4, 9.
— (Jeanne), 4.
CHAUMON (Anne), 4.
CHAUMONT (Philibert), 3.
CHAUSSIN (Denise-Eléonore de), f. de M. le baron de Rully, 3.
CHAUVOT (Adrienne), f. d'Etienne Bordot, 20.

CHEVEREUX (Charles), 12.
— (Jean), 12.
CHEVIGNY (M. de), 4.
CHEVREUX (Anne), f. de François Noury, 12.
— (Claude), dit Paignon, 4.
— (Jacques), 21.
— (Jacques), sergent au bailliage de l'évêché, 9.
— (M" Jean), prêtre, 8.
— (Joseph), vigneron à La Loyère, 21.
— (Nicolas), 21.
— (Philippe), 4.
— (Pierre), 4.
— (Pierrette), f. de Philibert Dartet, 21.
CHRESTIEN (Jeanne), femme de M. de Pontoux, 2.
CHRISTOFLE (Antoinette), f. de Paul Maritan, 11.
CLAUDINE, f. de Guillaume Morend, 20.
CLERC (Pierre Le), professeur aux bonnes lettres, demeurant à Fontaines, 20.
COINTOT (Jeanne), f. de Jacques Janthial, 4.
COLLONGE (Claude de La), 3.
— (Noble Philippe de La), 3.
CUGNY (Dominique), maître d'école, 17.
— (Jean), 17.

DARTET (Philibert), vigneron, 21.
DECOLOGNE (M. Jean-Marie), conseiller du Roi et son procureur au bailliage de Beaune, 18.
— (M" Pierre-François), notaire royal à Beaune, 18.
DELORME (Antoine), de Matour, maître d'école, 11.
— (Françoise), f. d'Esme de La Perrière, 4.
— (Jean), 11.
DERTHET (Jeanne), 3.
DESUOZ (M. Charles), officier major au régiment de Damas-Infanterie, 13.
— (M. Jacques), lieutenant général au bailliage de Chalon, 13.
— (M. Jean-Jacques), capitaine et ingénieur ordinaire du Roi, 15.

Deschamps (Jean), 3.
Desmolly (M⁰ Pierre), curé, 22.
Devarenne (M⁰ Abraham), maître d'école, 8.
— (Etienne), 8.
Digoin (Françoise de), f. de M. de Valette, 4.
Digoine (Jean de), écuyer, seigneur d'Etroyes, 3.
Dodey (Benoit), laboureur, 15.
— (Jean), commissaire à terriers, 18.
— (Jeanne), f. d'Henri Lévêque, 15.
Dojam (Jean), manouvrier, 12.
Dugon (Gabrielle), dame de Pourlans, 4.
Dumeix (Jeanne), f. de Charles Loppin, 13.
Dumont (Benoit), vigneron et tissier de toile, 10.
— (Françoise), f. de François Popenet, 21, 24.
— (Jeanne), f. de Jean-Baptiste Liébault, 21.

Enoch (François), 9.
— (Louis), 9.
— (M⁰ Théodore), notaire royal et fermier de la terre de Fontaines, 9, 11.

François (Miland), de Mâcon, 5.
— (Philibert), 5.

Gacon (Louise), f. d'Antoine Lescheneau, 13.
Gandillon (M⁰⁰), curé, 12-16.
— (Barbe), 15.
— (Barbe), f. de Pierre Moyne, 14.
— (Jean-Claude), marchand à Orgelet, 14.
Gaudeau (Jean-Baptiste), maître charron, 20.
Gaudet (M.), avocat à la Cour, 13.
Gauthé (Jean), 4.
Gauthey (M⁰⁰), curé, 18.
— (François), 3.
Geliot (Jeanne), f. de François Charrolois, 4.
Gelyot (Guillaume), 20.

Gereux (Etienne), manouvrier, 12.
Gibert (Georges), 10.
— (Honorable Jean), marchand, 9.
— (M⁰⁰ Jean), praticien, 3.
— (Jean), procureur d'office, 10.
— (Jeanne), 3.
— V. Gybert.
Godefroy (Lazare), 10.
Grachet (Reine), f. de François Parizot, 20.
Granger (Françoise), f. de Jean Théveneau, 21.
Grospierre (M⁰⁰ Claude-Joseph), curé, 16-18.
— (M⁰⁰ Jean), curé, 23.
— (Jean-Baptiste), économe de la maison de l'Oratoire de Poligny, 17.
— (Martial), 16.
— (M⁰⁰ Pierre), curé, 18.
Guerret (Jeanne-Marie), f. de Jean Burignot, 13.
Guienot (Bernard), praticien à Chalon, 9.
— (Jacques), 9.
Guillot (Nicolas), procureur d'office, 11.
Guyot (Abraham), 3.
— (Humbert), 3.
— (Jeanne), f. de Thomas de Lamar, 2.
— (Philibert), 8.
Gybert (Catherine), f. de Philibert Sansy, 2, 5.
— (Claude), 8.
— (Fiacre), 3.
— (M⁰⁰ Jean), sergent royal, 2.
— V. Gibert.

Jacque (Françoise), f. de La Tour, de Givry, 9.
Janthial (Guillaume), 12.
— (Noble Jean), conseiller du Roi, avocat à la Cour, enquêteur et maître particulier des Eaux et Forêts du Chalonnais, 11, 12.
Janthial (Elisabeth), f. de Charles Millot, 4, 5, 8.
— (Noble M⁰ Jacques), avocat en Parlement, 4.

JANTHIAL (Jeanne-Marguerite), 11.
— (M" Philippe), curé de Rosey, 4.
JOMARD (Louis), 6.
JUILLET (Antoine), 12.
— (Geneviève), 14.
— (M. Valentin), notaire, 12.

LAGO. V. Méritain.
LAMAR (Jean de), 2.
— (Thomas de), 2.
LAMIRAL (Marie), f. de Jean-Guy de Léval, 12.
LANGLOIS (Jean), l'ancien, vigneron, 20.
— (Joseph), vigneron, 20.
— (Philibert), 20.
LANGLOY (Claude), 8.
LARDILLON (M° Jacques), conseiller du Roi, juge et garde-marteau en la maîtrise des Eaux et Forêts de Chalon, 13.
LAUMONNIER (Dyene), f. de Jean Gybert, 2.
LEBAUT (Jeanne), 11.
— (Pierre), recteur d'école, 11.
LESCHENAU (Reine), f. de Valentin Juillet, 12.
LESCHENEAU (M. Antoine), docteur en médecine, 13.
— (Jean-Jacques), 13.
LÉVÊQUE (Claude), marchand à Vielmoulin, 15.
— (M. Henri), maître chirurgien, 15-17.
— (Philiberte), f. de Georges Sauney, puis de Jean-Marie Decologne, 16, 18.
LESVAL (Jeanne de), f. de Théodore Berby, 12, 13.
LÉVAL (M" Jean-Guy de), seigneur de Saint-Martin, 12.
LIÉBAULT (Françoise), 21.
— (Jean-Baptiste), marchand, 21.
— (Jeanne), 21.
— (Marie), 21.
— (Philibert), 21.
LOPPIN (M. Charles), bourgeois de Beaune, 13.

LOPPIN (Marie), f. de Claude Burignot, 13.
LUCEAU (Antoinette), f. de Humbert Guyot, 3.
LUREAU (Jean), Parisien, 6.

MAILLET (Huguette), f. de Denis Bontemps, 12.
MALAIN (Jeanne-Péronne de), f. de M. le baron de Montcony, puis d'Eléonor-Gaspard de Marcilly, 3.
— (Marguerite de), f de François Millet, 3.
MARCHANT DU MAULGNY (M°°), curé, 12.
MARCILLY (Eléonor-Gaspard de), écuyer, sieur de Ponmay, 3.
MARCOUX (Adrienne), f. d'Antoine Delorme, 11.
MARGUERITE, fille d'inconnus, 3.
MARINOT (Anne), f. de Georges Sauney, 16.
MARITAN (Jeanne), 11.
— (Paul), demeurant à Tournus, 11.
MARTIN (Anne), 5.
— (Just), 4.
— (Marie-Madeleine), f. de M. Gaudet, 13.
MASOYER (Germaine), f. de François de Sansy, 3.
MAULGNY. V. Marchant.
MAUPEOU (M" Jean de), évêque de Chalon, 8.
MELENOT (Marie), f. de Jean-Baptiste Gaudeau, 20.
MELEY (Fiacre), 3.
MÉNARD (Jeanne), f. de Fiacre Meley, 3.
MERCIÉ (Jeanne), de Chalon, 4.
MÉRITAIN DE LAGO (Jeanne de), f. de Bernard de Bar, 4.
MEULEY (Claude-Louis-Philibert), 13.
— (Pierre), recteur d'école, 13.
MILLET (Noble François), seigneur de La Cosne, 3.
— DE LA COSNE (Eléonore), 3.
— — (Marie), 3.
MILLIÈRE (M. le conseiller), 8.

# INDEX DES NOMS DE PERSONNES

MILLOT (M° Charles), praticien, amodiateur de la terre et seigneurie de Fontaines, puis adjoint aux enquêtes de « Renot-le-Duc », puis notaire royal à Fontaines, 4-6, 8, 9.
— (Jeanne-Philippe), 4.
— (Louis), 6.
— (Marie), 5.
MILON (Denis), manouvrier, 9.
— MILLON (Pierrette), 9.
MOCQUIN (Benoit), maître sabotier, de Moirans, 17.
— (Jeanne-Nicole), 17.
MODESTE (Le frère), de Pont-de-Vaux, capucin lai, 16.
MONFILZ (M°°), curé, 1-3.
MONNOT (Guillaume), maître d'école, 2, 3.
— (Judith), 2.
MONTCONY (M. le baron de), sieur de Bellefont et de Montcoy, 3.
MONTESSUS (Noble Philippe de), baron de Rully, 4. — V. Rully.
MONTHEROT (Nicolas de), marchand à Chalon, 13.
— (Thérèse de), f. de Jacques Lardillon, puis de Charles Desboz, 13.
MORENO (Claude), 20.
— (Guillaume), 20.
— (M°° Philibert), 20.
MOYNE (Claude-Hugues), apothicaire à Poligny, 14.
— (Pierre), 14.

NARJOUX (Madeleine), f. de Jean Truchot, 22.
— (Philiberte), f. de Jacques Ribout, 12.
NECTOUX (Françoise), 18.
NEUFCHÈSES, NEUCHÈSES (Mgr Jacques de), évêque de Chalon, 2. 4.
NOURY (M. François), maître chirurgien, 12. 14.
— (Françoise), 10.
— (M. Jacques), maître chirurgien, 10, 12.
NOYEN (Marguerite du), f. de Philippe Bouvot, 9.

PAIGNON, V. Chevreux (Claude).
PAREILLET (Claude), procureur de la commune, 18.
PARISOT (Claude-Félicité), 3.
— (Jacques), 2.
— (M°° Jean), sergent royal et procureur d'office, 2, 3.
— (M° Jean-Baptiste), le jeune, huissier audiencier, 4.
— (Nicolas), sergent général et huissier royal, 7, 9.
— (M°° Philibert), clerc, 2.
— (Pierre), 4.
— (Vivande), 4.
PARIZOT (François), commissaire aux saisies réelles à Chalon, 20.
— (Jean), 20.
— (Jean), vigneron, 20.
PELÉ, PELEY (Claudine), f. de M. Chappotot, 2, 4.
PELISSONNIER (Nicolas), 5.
PELLETIER (Jacques), de Thoissey, 4.
PENESSOT (Françoise), femme de M. Millière, 8.
PERREAU (Anne), f. de Jacques Carré, 5.
PERREAUT (Madeleine), f. de M. Roland, 11.
PERRIÈRE (Noble Esme de La), écuyer, sieur de « Dombal », 4.
— (Marie-Bénigne de La), 4.
PETIT (Philiberte), femme de Charles Chevereux, 12.
PINGET (Marguerite), f. de Théodore Enoch, 9.
PINGLIER (M°° Didier), vicaire, 4.
PONMAY (M. de), 3. — V. Marcilly.
PONTOUX (M. de), antique maire de Chalon, 2.
POPENET (François), marchand à Mimande, 21. 24.
POULENET (Louis), 8.
— (Philiberte), 4.
PRESTET (Benoit), 3.
— (M°° François), sergent royal, 3.
PROTEAU (Jean), garde des bois et chasse de la terre de Fontaines, 15.
PROTHEAU (Charles), capitaine de la garde nationale et tailleur de pierres, 18.

PROTHEAU (Claude), 6.
— (Guillaume), 8.
— (Jean-Baptiste), tailleur de pierres et officier municipal, 18.
— (Jean-Baptiste), 18.
— (Marie), 4.
— (Marie), f. de Charles Protheau, 18.
PUGEAU (Anne), 12.
PYOT (Simonne), 4.

QUARRÉ (Jean), 11.

RAISIN (M⁽ᵉ⁾), curé, 1.
REYMON (Anne de), 4.
— (Mᵉ Claude de), procureur et notaire royal à Chalon, 4.
— RÉMON (Louis de), 4.
— — (Pierre de), 4.
RIBOUT (Anne), 12.
— (Claude), 12.
— (Jacques), recteur d'école, 12, 16.
RICHARD (Humbert), 3.
RICHY (François), de Guise, 4.
RICORD (Mᵉ François), chirurgien, 9.
RIGOLET (Mᵉ Hugues), avocat en Parlement, 4, 9.
— (Hugues), 9.
ROBIN (Catherine), 5.
— (Claude), maître d'école, puis sergent, 5, 8.
ROLAND (M.), 11.
— (Jeanne), f. de Claude Chalgrin, 11.
ROUX (Jean), 2.
ROYER (M⁽ᵉ⁾), curé, 18.
RULLY (M. le baron de), 3, 5. — V. Montessus.
RYARD (Emiland), notaire royal à Neublans, 10.
— (Mᵉ François-Ignace), curé, 9-12, 22, 24.
— (Françoise), de Neublans, f. de Georges Sansy, 9, 10.

SANCY, SANSY (Honorable Philibert), procureur d'office, 5, 8, 12.

SANSY (Catherine), 4.
— (Georges), praticien, 9, 10.
— (Philiberte), 5.
— (Honorable François de), 3.
SATIN (Humbert), de Châtillon-en-Dombes, 4.
SAUNEY (Anne), f. de Claude Pareillet, 18.
— (Benoit), 6.
— SAULNIER (Georges), marchand et fermier, puis bourgeois de Fontaines, 16, 18.
SERRÉE (Claude-Félicité de La), 3.
— (George de La), 3.
— (Noble René de La), demeurant à Fontaines, 3.
SOUSSELIER (Mᵉ Guillaume), curé de Farges, 21.

TABOULEUX (Jeanne), f. de Barthélemy Tricaut, 10.
TAPIN (Mᵉ Claude), seigneur d'Ouroux et Velars en partie, conseiller du Roi au bailliage de Chalon, 3.
TERNET (Bénigne), de Flavigny, f. de Nicolas Parisot, 7.
THERRET (Thérèse), femme de Nicolas de Montherot, 13.
THÉSUT (Noble François-Théodore de), aumônier et prédicateur ordinaire du Roi, 9.
THÉVENEAU (Jean), marchand à Farges, 21.
THYMONNET (Elisabeth), f. de Jean-Baptiste Béturlé, 5.
TOUR (De La), 9.
TOURNEMOTTE (Georges), 11.
— (Marie), f. de Jean Quarré, 11.
TRICAUT (Barthélemy), d'Ouroux, 10.
— (Claudine), 10.
TRUCHOT (Jean), vigneron, 22.
— (Jean-Baptiste), 4.

VAILLANT (Philibert), 11.
— (Philibert), de Chassagne, recteur d'école, 11.
VAIRRON (M⁽ᵉ⁾), curé, 1.
VALETTE (M. de), 4.

Vélard (Claude), laboureur, 22.
Venot (Claudine), f. d'Edme Berbis, 12.
Vernier (Catherine), f. de Jean Parisot, 2, 3.

Vidard (M. Jean-Baptiste de), seigneur de Cruzille, 4.
Voillery (Jeanne), f. de Pierre Meuley, 13.

# INDEX

## DES NOMS DE CHOSES

ABJURATIONS de calvinistes, 9.
ACQUISITIONS de biens par l'église, 22.
AMODIATIONS de biens par l'église, 23.
AMORTISSEMENTS, 24.
ARGENT (Legs d'), aux pauvres, 20.
— (Legs d'), aux confréries, 3, 20.
AUTEL de Saint-Barthélemy, 4.
— de Saint-Claude, 4.
— de Saint-Jean-Baptiste, 12, 20.
— de Saint-Pierre, 4.
— du Saint-Rosaire, 3.
— de Saint-Sébastien, 4.
— (Grand), 9.

BAPTÊMES, 1-5, 7-18.
BLÉ (Legs de), à une confrérie, 3.
— (Legs de), aux pauvres, 20.
BOHÊMES (Troupe de), 9.
BOIS de Fontaines, 4.

CALVINISTES, 9.
CANAL du Centre ou du Charollais, 18.
CAPITATION, 24.
CENTENAIRES, 2-4, 12, 14.
CHAPELLE de Notre-Dame en l'église, 4.
— de Notre-Dame du Saint-Rosaire en l'église, 4, 6.
— de Saint-Hilaire en la paroisse, 18.
— de Saint-Jean-Baptiste en l'église, 20.
— de Saint-Michel en l'église, 4, 13, 15.

CHAPELLE de Saint-Nicolas en l'église, 6.
— de Saint-Nicolas en la paroisse, 12.
CHAPITRE de Saint-Vincent de Chalon, 19.
CLOCHE de la chapelle de Saint-Nicolas, 12.
CLOCHES de l'église de Saint-Nicolas de Fontaines, 7, 13.
CONFRÉRIE de Notre-Dame, 20.
— de Saint-Sébastien, 20.
— du Saint-Esprit, 3, 20.
— du Saint-Rosaire, 3.
— du Saint-Sacrement, 20.
CONFRÉRIES de l'église, 20.
CORPORALIERS, 3.
COUVRE-CHEF (Legs d'un), à l'autel du Saint-Rosaire, 3.

DÉCIMES, 24.
DIMES de Fontaines, 19.
— de Mercurey, 19.
DONS à l'église, 3, 10, 20, 21.

EBOULEMENTS de la perrière, 11, 12, 15.
ECU (Legs d'un), à une confrérie, 3.
EGLISE de Farges, 20, 21.
ENFANT d'inconnus, 3.
ENFANTS naturels ou « donnés », 3, 4, 9.

FIÈVRE CHAUDE (Cas de), 4.

FONDATIONS en l'église, 3, 9, 10, 20, 21.
FONTS BAPTISMAUX, 20.
FROMENT (Legs de), à une confrérie, 3.

HALLES, 4.
HUILE de noix, 4.

IMPÔTS, 24.
INCENDIE du moulin de Saint-Léger-du-Bois, 11.

LEGS à l'église, 3, 20, 21.
LUMINAIRE de l'église, 20.
LUMINAIRIER de la confrérie de Notre-Dame, 20.

MARIAGES, 2-5, 7-18.
MENDIANTS, 11.
MEURTRE, 9.
MILICIEN réfractaire, 10.
MISSEL (Legs d'un), à l'église de Farges, 20.
MORTS accidentelles, 4, 6, 8, 11, 12, 15, 18.

NOTRE-DAME-DE-PITIÉ en
— NOVALES, 19.
NOYADES, 8, 18.
NOYERS communaux, 4.

PATRONAGE de l'église, 19.
PAUVRES (Sépulture des), 20.
PAVAGE de routes, 12.
PÈLERINAGE de Rome, 4, 8.
— de Sainte-Reine, 4, 5, 11.
PERRIÈRE communale, 11, 12, 15.
PESTE, 4.
« POUPITRE » de l'église, 6.
PREMIÈRE MESSE (Célébration de), 8.

RÉGIMENT de Conti, 3.
— de Damas-Infanterie, 13.
ROBE (Legs d'une), à une confrérie, 3.

SÉPULTURES, 1-4, 6-18.
SÉQUELLES, 19.

VISITE de l'église, 4.

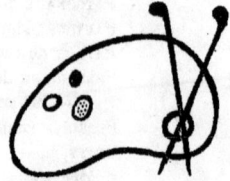

Original en couleur
NF Z 43-120-8

www.ingramcontent.com/pod-product-compliance
Lightning Source LLC
Chambersburg PA
CBHW060501050426
42451CB00009B/765